निर्दोष मित्रता

ARUS

सुमीत कुमार

Copyright © Sumeet Kumar
All Rights Reserved.

This book has been published with all efforts taken to make the material error-free after the consent of the author. However, the author and the publisher do not assume and hereby disclaim any liability to any party for any loss, damage, or disruption caused by errors or omissions, whether such errors or omissions result from negligence, accident, or any other cause.

While every effort has been made to avoid any mistake or omission, this publication is being sold on the condition and understanding that neither the author nor the publishers or printers would be liable in any manner to any person by reason of any mistake or omission in this publication or for any action taken or omitted to be taken or advice rendered or accepted on the basis of this work. For any defect in printing or binding the publishers will be liable only to replace the defective copy by another copy of this work then available.

सुमीत कुमार

सुमीत कुमार, एक वयरक जो जीवन के कई चरणों का अनुभव करता है, एक प्रसिद्ध लेखक और नए युग के लेखक हैं। वास्तव में वह एक लेखक होने के साथ-साथ गायक, कवि, शायर, उद्धरण लेखक, गीत लेखक और एक कलाकार भी हैं। एंकर या स्टैंडअप कॉमेडियन। उनके बारे में बहुत ही रोचक और दिलचस्प तथ्य यह है कि वे नए युग के लेखक हैं यानी उन्होंने अपने लेखन की यात्रा उस उम्र में शुरू की जब वह अध्ययन करने के लिए स्कूलों जा रहे थे। उनकी 100 पुस्तकों की स्ट्रीक महान होगी भविष्य में उनके लिए उपलब्धि, उनकी कुछ प्रसिद्ध रचनाएँ यानी प्रेम की परिपक्वता (शैली _प्रेम) स्वप्न की गोपनीयता (शैली-मध्य वर्ग की जीवन शैली)।

आप नोटियन प्रेस, अबे बुक्स, इम्युजिक इन, फ्लिपकार्ट, एमेजॉन, किंडल, इंस्टेंट रीड लाइक ईबुक, किंडल, गूगल, इंटरनेशनल साइट्स और कई अन्य से भी उनकी किताब खरीद सकते हैं।

स्पॉटिफ़ पर पॉडकास्ट: @ ब्रोकन हार्ट इंस्टा आईडी: बुकहब92 जीमेल: सुमितकुमार 88234 लिंक्डइन: सुमीत कुमार

क्रम-सूची

प्रस्तावना

Enter Caption

जिंदगी भले ही बदल जाए पर एक इंसान की फिदरत कभी नहीं बदलती है क्योंकि वो कबर पर भी भाले ही कुछ यादों के सहेरे ईश दुनिया की फिद्रत छोड देता है |
प्रति उनकी यादें उस्का साथ कभी नहीं छौरती.....

सुमीत कुमार

पावती (स्वीकृति)

सुमीत कुमार

सुमीत कुमार, एक वयस्क जो जीवन के कई चरणों का अनुभव करता है, एक प्रसिद्ध लेखक और नए युग के लेखक हैं। वास्तव में वह एक लेखक होने के साथ-साथ गायक, कवि, शायर, उद्धरण लेखक, गीत लेखक और एक कलाकार भी हैं। एंकर या स्टैंडअप कॉमेडियन। उनके बारे में बहुत ही रोचक और दिलचस्प तथ्य यह है कि वे नए युग के लेखक हैं यानी उन्होंने अपने लेखन की यात्रा उस उम्र में शुरू की जब वह अध्ययन करने के लिए स्कूलों जा रहे थे। उनकी 100 पुस्तकों की स्ट्रीक महान होगी भविष्य में उनके लिए उपलब्धि, उनकी कुछ प्रसिद्ध रचनाएँ यानी प्रेम की परिपक्वता (शैली _प्रेम) स्वप्न की गोपनीयता (शैली-मध्य वर्ग की जीवन शैली)।

आप नोटियन प्रेस, अबे बुक्स, इम्युजिक इन, फ्लिपकार्ट, एमेजॉन, किंडल, इंस्टेंट रीड लाइक ईबुक, किंडल, गूगल, इंटरनेशनल साइट्स और कई अन्य से भी उनकी किताब खरीद सकते हैं।

स्पॉटिफ़ पर पॉडकास्टः @ ब्रोकन हार्ट इंस्टा आईडीः बुकहब92 जीमेलः सुमितकुमार 88234 लिंक्डइनः सुमीत कुमार

1
खुशी के अलावा

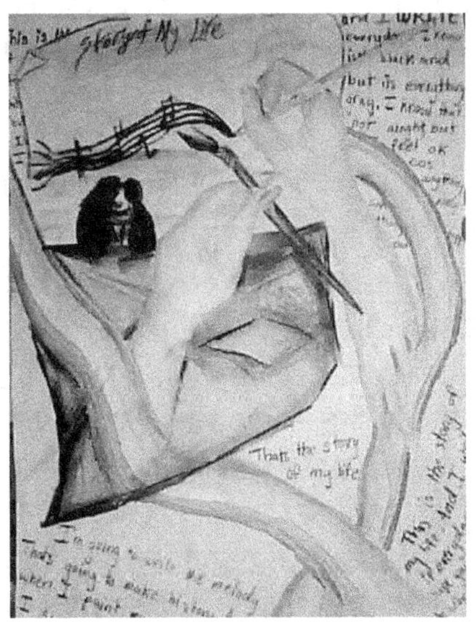

Enter Caption

ये जिंदगी हसीन है ये नहीं, इसकी खैरत तो में नहीं जनता पर हा इतना जरूर जनता हूं की वक्त के साथ अपनी मुशीबत और अपनी दोस्त हमारे कभी साथ नहीं छोडती, आप मोहब्बत में एक बातो पर एक बात करता हूं यही सोच ही बदल जाती है ये तक इसकी परवाज़ भी, मैंने कभी नहीं सोचा था की पहले हम इतने दिन मिलेंगे, फिर हमारे बीच इतनी सारी बातें भी होगी और बाद में हम एक दुसरे भी इतने होंगे ही जिंदगी में अगर कोई चीज अगर अगर बुरी मिल जाए तो हम उसे वापस कर सकते हैं प्रति अगर दोस्ती और प्यार में आइशी शिद्दत शममिल हो जाए तो कह कर भी हम कभी खुद से कभी कभी डर नहीं है पर एक दिन

आएगा जब में उसके साथ होगा भी उससे डर रहने की कोशिश करुंगा, मतलाब आइशी कौन शी मुशिबत है की में उसे कह कर भी खुद कहो करीब नहीं रख सकता है, मोहब्बत ही कहो जिशे दिन इसकी कू में ही दोनो तरह से सुरु हो जाए न उस दिन बरबाद ही सामने आती है, सयाद ये मेरे आखिरी सब भी हो सकता है, मतलाब मेरे अल्फाजो लिखी गई आखिरी कहानी भी पर इसकी सुरुरात अभी [पूरी नहीं ये जनता की में आगे के करुंगा, क्योंकि मैंने जितनी दफा अपनी जिंदगी को जाने की कोशिश की है, उतनी ही दफा खुद से डर हो चुका हूं, प्रति कुछ कुछ राज है जिनसे और में हूं

वैसा ही कोई कहानी नहीं है, एक सफर वो भी उस मुशफिर के बारे में जिसे आज भी मैं उसी शिद्दत से कहता हूं जिसके लिए रिवायत सयाद पहले भी कहीं बार हो चुका है, ये कोई है, कोई है, कोई है, हम दोनो की कहानी बिलकुल अलग है, मतलब हम दोनो के बीच मोहब्बत तो नहीं है, और ना ही कोई सपने है भविष्य को लेकर फिर भी सयाद में उससे डर नहीं रह सकता है, क्योंकि उसकी आदत है, इतनी गई है और ये तक की उसके नखरे भी अब मुझे बहुत याद आते हैं, आज भले ही उससे दूर हैं, ये भी नहीं जनता की क्यों हूं? प्रति सैयद इतना जरूर मानता हूं की अगर एक दसरे से डर तब भी एक दसरे के करीब है, इश्क, और दोस्ती जब महसूश होने लगे ना तब ये बात समझ लो की वो एक साक्षी बहुत है, कभी है आप नहीं सकते में, मैं जिश दुनिया में खो चुका हूं सयाद उसकी खैरात में वो मुझे कभी न दिखें पर वो जहां भी है मेरे साथ है, हमारे सहर भले ही लगा है, हमारी दुनिया भी स्याद चूकी अब भी दो है पर मक़ाम पर है जहां पहले हुआ करती थी, मुझे ऐतराज़ है उन लम्हो से जब में उसके करीब नहीं होते हैं, जब उसे मेरी जरा भी पार्टी है तब में उसके साथ नहीं होता है, किसी और को देखता है में कुछ याद करने की कोशिह करता हूं वो हमा मेरे करीब ही रहती है, ऐसी बात नहीं की उसे भी नहीं है पर मजबूर है हम दोनो एक ऐश रिश्ते जिन्हे कभी हमने था, जो कुछ भी यही है। एक दसरे से करीब ला रही थी, कहने को तो वो सिरफ मेरी दोस्त है, प्रति में उसे अपनी पूरी दुनिया मानता, उसकी मोहब्बत काहे कितनी भी गहरी क्यों ना हो पर मेरे लिए वो सबसे पहले आती है, और उसके बाद कोई, जिश तराह हम आपके साथ बात नहीं सकते में उसी दोस्ती भी किशी और के साथ बात नहीं सकती, क्योंकि सयाद वीपी पहली लड़की होगी दुनिया की और सयाद आखिरी भी जिससे मेरी आज तक बनी है

डर अगर गल्ती से लड़ रही हो भी जाए तो वो मुझसे कभी डर नहीं जाती, हर वक्त पास रहती है, मुझसे बातें करती है, मेरे हलत समझौता है, अगर में गलत से भी कुछ कुछ तो उसमें है में ये नहीं जनता की में ईश सफर में उसके साथ कब तक रहेगा पर जब तक रहूंगा, उसके नाम के साथ मेरी पहचान भी जरा भी रहेगी, कहते हैं जिंदगी में कुछ रास्ते आए भी कुछ भी होंगे लो तो कुछ रास्ते भी होते हैं जिनसे हम वक्फ तो होते हैं पर कभी उस राह चलते की हम कोशिश नहीं करते क्योंकि उन रास्ते पर चलने की कोशिश की भी जाए तो वो कभी कभी बदलने नहीं वाले उनके लिए तय कर दिए हैं, किशी की किस्मत सिरफ ए बार बदलती है हर बार नहीं, और अगर हर बार बदले तो वो भी बेवफा ही कहलाता है। ये खैर ईश सफर

से कुछ वक्त के लिए में अलविदा कहना चाहता हूं क्योंकि कहता हूं में करने वाला हूं वो मेरी सबसे प्यारी दोस्त है वैसा ही में उसका नाम तो नहीं बता सकता है कि अभी भी कहता है पहले वो बातें बताना कहता हूं जो सिरफ उसे ही नहीं पसंद है, वो कहीं ना खाई मुझे भी पसंद है, बचपन में कभी ये नहीं सोचा था की में किशी लड़की से मिलूंगा भी, क्योंकि बचपन में ये अंत ही नहीं था भी एक लड़की है और कैसा जनता, जनता तो तब जब में पाने घर से कभी बहार निकलाता, क्योंकि आधा बच्चन और आधी जवानी तो मैंने बैंड कामरे में ही बतायी है, मतलबा ऐसी बात नहीं थी की मैं खुद बिल्कुल सही मेरे घर के लोग, मतलाब मेर परिवार मुझे कभी बाहर जाने ही नहीं देता और इसके पीछे भी एक राज है की वो मुझे बाहर क्यों नहीं जाने देते थे, वैसा ही आम तौर पर अगर हम जिंदगी में देखा को देखा तो आपने देखा है वो बहार नहीं जा सकती, लड़की की तरह खेल नहीं शक्ति, किशी और से बातें नहीं कर सकती, ज्यादा तार तो एक लड़की से बात नहीं कर सकती, हमशा घुंघट ही, हर के फेनाना घर की सीमा की ये पहचान थी की लडका हो ओ ये लड़की, मतलाब दोनो के नियम वही थे, मेरे घरवाले ये कभी नहीं कहते थे कि में किशी गलत संगत में पारु, जो की आजकल हर एक परिवार के लोग ये चोर सोचते हैं, एक और बच्चा अम्बानी प्रति सयाद उनकी फ़िदरत को ये उनके प्यार को उस वक्त समझ नहीं पाता था, कभी-कभी तो गुटन होती थी की कहार ये क्यों है और किशलिए है, क्योंकि मुझे बंद कर रखा जा रहा है, नादानी में दो कुछ ऐसा है, नादानी से अच्छे से खाना तक नहीं खाता, फिर उसके बाद बीमार पर जाता और उसके बाद डेटा फिर प्यार और फिर वही समझौता, अगर सच कहु तो वो लम्हे याद करता हूं, क्योंकि उस वक्त में खुद खुद को की परवाह भी करता था, पर आज जो कुछ भी, ये जैसे भी हलत सयाद उनसे में खुश नहीं हूं और ना ही जो मेरे पास है और जो मेरे साथ वो भी दुनिया दो पल में बदल जाती है, भी बदल तक की लोग जाते हैं और उनके ख्वाब भी बदलते जाते हैं, जब को आपके करीब हो और आप सेह भी करे अगर वो बदल जाए तो आपकी जिंदगी नर्ग बन जाती है, और में अपनी जिंदगी के बारे में क्या ही बताऊं, मुझे तो वो सबा की इरने भी उस शम की याद दिलाती कर में बदल जाएगी दुआ माँगता हूँ

ठीक वो मेरी जिंदगी में तब आई जब सब साथ थे, मतलाब में खद के साथ था, और वो मेरी जिंदगी से तब गई जब में खुद के साथ होकर भी सयाद खुद के साथ साथ नहीं था, में चीज महसूश भी होती थी, पर सैयद उसे महसूश कर के भी हम स्याद एक दसरे सेह वक़्त कुछ नहीं कहता था, उसे हर एक आदत आज कल बश उसी तो याद दिलाती है, अगर मैं भी मेरी भी मिल भी यह नहीं होने वाला क्योंकि में जनता हूं की मोहब्बत में लोग अक्सर बरबाद होते हैं, उसे सुखों में कभी महसूश ही नहीं कर सकता है जो मुझे उसके साथ रहता है। वो कहते हैं कुछ रिश्ते अगर जाने हो तबी अपने जैसे लगते हैं, पर जिशे ये बातें दुनिया को पता चल गई उस दिन सयाद सच में ये रिश्ते टूट गए, पहले सिरफ में जनता खुद को ही नहीं की जो मेरे लिए ज़ा रोड़ी था, लोग कहते हैं जो भी होता आचे के लिए होते हैं, और हा ये बात सही है, क्योंकि मेरी जिंदगी में मैंने जो हलत देखे है ये उनके दर्द को कभी बुरा नहीं कहा है वो

अच्छे हैं और ना ही कभी किशी का वक्त बुरा होता है, बुरे तो इंसान होते हैं, उनकी इंसानियत होती है जो दो पल के लिए आपके साथ रहते हैं पर कभी अपने आपको नहीं, मेरी जिंदगी में ऐसी है, कुछ है तो कुछ साथ नहीं, फिर भी मुझसे उनसे कभी नफ़रत होती ही नहीं है, क्योंकि मैं जनता हूं की मेरे रास्ते इतने लंबे हैं ही नहीं जिंदगी के जिशे में महसूश कर सकते हैं, अगर हम इंसान तो लोग इसमें शामिल होंगे वही जिंदगी सोच प्रति मोहब्बत प्रति चलती कभी कर के देखो, क्योंकि नफरत से तो किशी की यादें आप से डर नहीं जान एवली प्रति स्याद मोहब्बत से ये मुमकिन है कि वो आप से डर, लंबे सिर वो, मुझे उस काबिल बनाया है की में उस दर्द को सेह सकु जो मेरे उससे वक़िफ़ नहीं है, जब वो डर भी रहता है तो मैंने कभी ऐसा महसूह ही नहीं किया, अब वो मेरे साथ ही पास नहीं है कहीं यही महसूश करता था की जो भी है सब सही है, मेरे आस्युंकी हर एक खैरात उसे देख खुशियों की महफिल शमील हो जाती है आज भी, उसमें न देख तो कभी महानुश ही नहीं जुड़े हुए हैं उसके सामने, फतेह की कहत तो है पर उनसे में हर कहता हूं |

वो साथ रहे हैं ना रहे में फिर उसका साथ कहता हूं, अगर कभी खुद ने गलत सेह ये पुच लिए की क्या मांगा हूं मुझसे सजदे में हर वक्त, मैं हैश कर बोलता हूं की में आया हूं भी आदत से वक्फ हूं वो कब गुस्सा करता है कब मुझसे नराज हो जाति है, कब वो मुझसे दूर रहने की कोशिश करता है, और उसके ड्रामा, उस्कि भूल वो भी बटरस्कॉच के लिए, ही हमारे रिश्ते में कोई बदला आया, हम जैसे भी एक दसरे के लिए अच्छे हैं और सयाद मेरे लिए वो उस ब्लैंक पेपर की तरह है जिसे देख कर में अपने सारे हलत एक ही पाल्मेन लिख गए हैं हूं जो कभी-कभी मुझे ही महरूम कर देती है, में अपनी हर वो यादे बताने वाला उन जिशे सोच कर मेरी सासियों भी मुझसे हर वक्त ये सच पूछती है की ठीक हो? जिंदा हो? और में हर वक्त यही कहते हैं कि हा जिंदा और इसके पीछे कोई और नहीं उसे याद करता है जो मुझे कभी खुद से अलग नहीं होने देता है, मैं जहां भी जया भी रहूं वो मेरे साथ हूं। यादों की शिद्दत बताता सेह फेले में कुछ कहना चाहता, और वो ये है की में ये नहीं जनता की हमर पहचान क्या है, हम सिरफ दोस्त है में जनता हूं, पर मेरे उससे मैं तेरी हूं बहुत है , तू जब भी साथ होता है, अच्छा लगता है, और तू जब डर जाति है तो जिंदगी में सच में नरग लगती है और आखिरी बातें में जो तुझसे कहना चाहता हूं में भी है।

"टीयू अगर

यादें की खैरात

हाई तोह में

तेरे होनो का

अहसास हुन

में और सासियोन

कि ज़रोरात

क्या है जनाब?
जब तेरे
सान सेह
ही ऑक्सीजन
का अहसास हो."

"कभी
खैरात हो
तोह लैम्बी
बात हो
इश्क महजब
सब छोड़
दो कर
काश
तू मेरे
पास
हो."

2

एक अतीत प्यार

Enter Caption

अगर किशी की फ़िदरत ही मोहब्बत से डर हो तो वो कह कर भी उसे अपने से की खुशी कभी नहीं दे सकता, प्रति अगर ऐसी सिफ़रिश दोस्ती सेह की जाये तो पास भी ये मुमकिन है की हम एक दुरे और फिर भी बुरी नहीं है अगर इशी हर एक आरजो को हम अपनी उन आंखों से देखने की कोशिश करे जो सिर्फ शिद्दत की ही दोस्ती और मोहब्बत कहती है, ईश दुनिया में हर एक चीज मूलजीम है जब वो इतना दर्द, वो खामोशी, उसकी बातें और भी ऐसी बहुत सारी चीज है जिशे में कह कर भी अपने सबो में शमील नहीं कर सकती क्योंकि जब वो मुझे मिली तो मेरी जिंदगी में बड़ी कोई क्यों नहीं है मेरे पास, अच्छी दुनिया क्या इतनी बुरी है की मुझे एक सच्चा दोस्त भी ना दे खातिर उनकी उम्मीद में शमील नहीं हो सकता पर मेरी दुनिया या तो शक्ति है, वैसा मैंने सबकी कहानी लिखी है, उनके बारे में लिखा उनकी हर एक ख्वाओ लिख वो भी एन पन्नो जो मेरी दुनिया है, एक वक्त था जब सब कुछ भूल गया में का? क्यूं हू? वही बात नहीं है की थक चूका था अपनी जिंदगी सेह बश वो शिद्दत नहीं दिखी थी जीने की जिस में खुद के उनसे में शमील करना चाहता था, जब कोई सक्ष ये कहे

कि वह अकेले ये बातें समाज जाओ की उसे आपकी बहुत जरूरी है वो कभी आपसे डर नहीं जा सकता, अगर आप उससे डर तो पास चले जाएं क्योंकि वो कह कर भी उस वक्त आपको हलत आपको एक बता नहीं मिलेगा।

बहुत कम लोग ईश दुनिया जो खुद को संभले की कोशिश करते हैं क्योंकि वो खुद को ही अपनी पूरी दुनिया आते हैं, औ अगर सच कहु तो उन में सेह में एक हूं, मैं भी खो सकता हूं। मुझसे अलविदा कहना चाहता था, किशी की छोटी बातें भी मुझे बहुत परशान कर जाती थी, मेरे हलत जो भी थे में नहीं जनता की में उनसे कभी जीत पाया हूं ये नहीं? मुझसे फतेह मिल है उनसे में ये उस हर की रिवायत, जब हम एक दसरे से मिले तो हम बहुत जाने थे, मतलब वो गलियां, वो मोहल्ले जिनसे में हर गुजरात था वो सब कुछ एक जाने में ही नहीं पाया, डर लगता था की कहीं उन चार दिवारो में रह कर में खुद के वजूद को ना खो दूं, प्रति एक तरफ ये भी महसूश करता था कि मुझे उनकी आदत नहीं, और मैं क्यों हूं में इतना जनता था की आब ये मेरी फ़िदरत है, जो भी जैसी भी है, बश आब ये है, तब मेरी ज़िंदगी में आयुषी आई, मतलब मेरी दोस्त, मेरी वो दुनिया जिस में आज भी भूला है, वो सुन नहीं है जो दोस्ती में है, और ये बातें आज सच लग रही है मुझे जब में उससे बातें करता हूं, उसके करीब रहता हूं, हम दोनो के बीच भी वो मोहब्बत ऊपर नहीं है दोनो के उनसे में के लिए कफी है, वैसा ही मेरे नाम की पहचान तोह आप सब को मालूम होंगी और अगर नहीं है तो मैं बताता हूं कि मेरे नाम, और मेरी असली पहचान ये हकदार आयुषी श्रेया है, जो थोड़ी शि पागल और बहुत प्यारी है, खैर में उसके बारे में बताता हूं जो में महसूश करता हूं, जब हम पहली बार मिले थे तो हमरी है अंजान थी पर मेरे लिए कुछ ज्यादा ही, क्योंकि में कभी बातो ही नहीं करता था, मतलब लड़की से तो जल्दी बातें ही नहीं करता था क्योंकि मुझे लगता है कि शर्म आती थी, पर आयुषी की आगर तो बहुत कुछ की अगर

, और बाकी से भी, उसे पहले ही दिन इतने दोस्त बना लिए थे, मैंने भी सोचा की बहुत उससे थोड़ी बातें कर ही लूं, कफी सिंपल लड़की थी वो उस वक्त और अभी और अभी की बातें करु तो क्या अगर बात करु तो जब मैंने उसे पहली बार देखा था तो उसके बाल खुले थे, आंखों में प्यार सा चश्मा लगा था और वो बड़े प्यार से सब की तरह बातें कर रही थी, उसमें भी उसे असली है हर रे ही नहीं सकता, मतलाब हम सब उस वक्त बच्चे थे, पर वो अलग थी हम सब से, क्यूंकी आम तौर पर अगर देखा जाए तो लड़की किशी सेह फेले बात नहीं करती है, क्या मैं तब तक हूं अगला दृष्टिकोण करता है दोस्ती के लिए ये बात मोहब्बत की ही क्यों न हो, मैं उस वक्त भी उससे बातें नहीं करता रथा, थोड़ा बहुत था, क्यों दोस्ती, प्यार वल्ली बातें के समाजी ही,... उस काफी दाता था, क्योंकि आज तक मैंने उसे ई के भी बात तालीनाही, मतलाब उसे जो भी कहा है मैंने वो किया है, और पता नहीं सिर्फ में उसे ही बातें क्यों मानता था, जब भी उसके करीब जाता दिल की धड़कन इतनी बढ़ जाती है तब वह देखता है ,बकी के सहपाठियों ने उससे बातें करते थे, मतलब हर एक सहपाठियों ने उससे बातें करता था, क्योंकि अगर उसके प्रकृति के बारे में बताया तो मैंने उन्हे भी जल्दबाजी देखा

है उसकी वजाह से जिन्के सेहरे दो करती है के बीच बातें नहीं होती थी पर में खुश था की कोई तो है जो सब से अलग है, ऐसी बात नहीं की वो सब अच्छे नहीं थे, सब अच्छे थे पर वो खास थी मेरे लिए, क्योंकि वहां भी महसूश नहीं होती थी, मतलाब ना घर के वो हलत दिखते थे और ना ही वो बरबादी।

ये वीणा बालिका, ये सिर्फ एक नाम है, ये वो दुनिया है जहां हम पहली बार एक दसरे से मिले थे, और स्याद कक्षा चौथी की ये बात होगी जब मियां उसे फेली बार देखा था, वैसा ही स्कूल बार देखा था। पहले ही, इसे पहले वो सैयद बेबी ब्रिलियंट में पढी थी, अब नाम बेबी है इस्का मतलाब ये नहीं की वो सिर्फ बच्चे ही पढ़ते थे, मुझे तो सच में आज तक ये भी नहीं पता में वो बच्चे क्या थे एक बच्ची ही थी प्रति उसके पहले स्कूल का नाम आज भी आज भी लगता है मुझे, वैसा में उसके पुराने स्कूल के बारे में तो कुछ नहीं जनता, बश इतनी बातें जनता हूं की टॉपर वही वो उस स्कूल जितना सुना मैंने है जनता हूं, और जब वि हमारे स्कूल में आई तो न तो उसकी फिदरत बदली अर ना ही उसके असूल, बचपन से ही क्रिएटिव थी वो, मतलब अभी भी है क्रिएटिव और सयाद बहुत ज्यादा, उसके पेंटिंग्स के सब दीवाने थे और काफी तक याद है मुझे, मतलब में खुद की डायरी कभी ली खता ही नहीं, आइशी बात नहीं है की में लिख नहीं सकता पर उसकी लिखावट ही अलग थी, कोई भी प्रतियोगिता क्यों ना हो जो पेंटिंग्स से संबंधित हो ये कला से वो वो जीत जीत ही जाति थी, हमारे लोग हमारे स्कूल में आगे थे पेंटिंग्स के दीवाने थे, मतलाब वो जीते जगती और चलती फिरती क्रिएटिव की दुकान थी, आब कुछ ऐसी भी बातें हैं जो सिर्फ में उसके बारे में जनता हूं ये वीणा बालिका के दोस्त, उसे एक क्रश भी था मतलाब मैटलैब वो उस वक्त जनता भी नहीं की प्यार क्या होता है, प्रति उसका एक क्रश था जिसे ना तो उस वक्त उसकी बातें होती थी और ना ही वो एक दसरे से बातें करते थे, स्कूल में आज कल हर बच्चे होते हैं। मतलब खास होते हैं और आयुषी की जिंदगी में रीमा मैम

वो पहली आइशी टीचर थी जो उसे पसंद करती थी, मतलाब वो उनकी लाडली थी और हो भी क्यों ना ठीक कर एक टॉपर थी और सिर्फ ये बात नहीं है वो अपने क्लास की मॉनिटर भी थी, और उस वक्त प्यार वो नेचर से भी और ब्यूटी सेह भी, अभी भी है ऐसी बात नहीं है, क्योंकि लोग बदलते हैं उनकी फिरत नहीं, उसकी एक खास दोस्त भी थी जिसके नाम की पहचान ही "ब्यूटी" है, मतलाब उस दोस्त सबसे पहले मैंने उसके क्रश के बारे में तो बताया ही नहीं, वो भी पढ़ने में कफी अच्छा था, मैटलैब दोनो टॉपर थे क्लास के, और आयुषी उसे बहुत पसंद करती थी, प्रति उसे कभी भी वहां नहीं किया, और वो मैंने दोनो जहां आम तौर पर बसे चॉकलेट्स के दीवाने होते हैं प्यार के नहीं, और मैंने तो पहली बार उसे क्रश के बारे में सुना था, खैर एन दोनो की कहानी इसे पहले आगे बढ़ती, उनकी किस्मत वही पर रौक मटकी तब तक जाती थी एक दसरे के साथ रहते, मुझे ये भी बाद की आयुषी ने वही थप्पड़ भी मारा था, फिर सॉरी भी बोला, पर ये बातें क्यों हुई, मतलाब ये लड़ी क्यूं हुई थी उस वक्त मुझे नहीं पता, क्यों मेरी यादे भी कमजूर है सयाद थोड़ी शी जनता, हूं पर इतना एन दोनो

की लड़ी हुई थी, माफ करना पर मुझे इतनी ही बातें पता है एन दोनो के बारे में, इससे ज्यादा न मैंने कभी जाने की कोषिश की और ना ही मैंने कभी उससे पुचा। एन सब के बाद स्याद 2012 में सयाद दिसंबर की बात होगी जब उसे बेबी ब्रिलियंट स्कूल छोड़ दिया, मतलाब उसे याद करें भी, वह सेह जुड़ी हर वो खास चीज भी उससे हमें बड़ा प्यार है बातें करती हैं, वैसा वो स्कूल अब भी है ये नहीं

एन सब के बाद जब उसे हमारे स्कूल में प्रवेश लिया तो कुछ ही दिनों की बात होगी जब उसके साथ सब बहुत कुछ सेह घोल मिल गए थे, प्रति में उस वक्त उसके साथ नहीं था, कितना महानो उससे मिला था उस वक्त में चिकन पॉक्स सेह पीड़ित कर रहा था, और ये कक्षा चौथी की ही बात थी, लगभाग कुछ महिनो के बाद ही मैंने उसे फिर हम एक दुसरे से मिलाद, उसे भी एक दुसरे से मिला था। बहुत पसंद थे, वो हर दिन अपने बैग में इतने चॉकलेट्स लती थी की सारे बच्चे मतलाब में भी एक बच्चा था उस वक्त, उसके पीछे ही रहते थे, ये भी बात नहीं, उसकी फिदरा बिल्कल की उस भी बात नहीं, साफ दिखती थी, उसकी आदत में जो हमने मोहब्बत देखी थी वो कभी किशी में नहीं देखी, न ही कोई गमंद, ना ही कोई रवैया, ने ही कोई लड़ी, और ना ही किशी से कोई मत थी लेकिन सरल थी, एक सच कहु तो उस वक्त वो एकलौती ऐसी लड़की थी हमारे क्लास की जो सी रिएक्टिविटी में सबसे आगे थी, मतलाब हम तो सिरफ पढ़ाये करते थे पर वो दोनो चीज करती थी, पढाई भी और साथ में अपनी पेंटिंग भी, हम जब भी छुट्टियां में ईश तराह के होमवर्क मिले हम उससे पहले भी बना दूंगा, सिरफ में ही नहीं था लाइन में और भी के थे, मतलब हम सब थे, क्योंकि हम वो पेंटिंग्स ही नहीं आती, सोचा नहीं था की में इतनी जल्दी उसे करीब हो जाएगा, मैटलब हो जाएगी यह हमी होगी साल की कुछ ऐसी भी यादें जो करवी भी है और प्यारी भी, प्रति हमारे लिए आप सब को थोड़ा इंतजार तो करने ही परेगा।

"ना ख़्वाबो
कि
उड़ान
थी
ना सपनो
कि
पहचान
थी
बचपन
कि
कुछ कठि
मीठी"

"यादों के
सहारा
ही

मुसलसाल
हमारी
पूरी
दुनिया
ही
इक
चांद
टीएचआई।"

"

हुस्न
कि
मलिका
हाई
वो
तौहीन
कि
शाम
भी
कैफ़ेयत
अगर
गल्ती सेह
पुच
एलओ
तो
खमियाज़ा
वो
मेरी
एकलौती
जान भी।"

3

पृथक्करण की प्रकृति

Enter Caption

कुछ लोग ईश दुनिया में बहुत खास होते हैं, मतलब जो कुछ ही पल में हमारी दुनिया बन जाते हैं, और मेरी जिंदगी में मेरे लिए वो मेरी वही दुनिया थी और अभी भी, हम भले ही एक दसरे हैं दोस्त है पर मेरे लिए वो वो उससे भी ऊपर है पर मोहब्बत नहीं है, क्योंकि मैं उस बरबादी को कभी महसूश नहीं करना चाहता और न ही उसे कभी इसकी वजाह सेह नरज देख सकता हूं, हम सही है, , हम जहां भी एक दुसरे से दुरे वह सही पर मेरे उससे में वो मेरे लिए बहुत खास है, हमें मिलना, उसके साथ बैठना और अब भी जब बातें करता हूं तो कभी कुछ कुछ भी जाता हूं मैं में कभी भी कुछ भी नहीं हूं। मैंने पर वो मेरे लिए आदर्श तो नहीं पर उसे मुझे ये जरूर पढ़ाया की कभी रुको मत, हलत के जैसे भी हो बश हैश कर आगे बढ़ते जायो, जब भी टूटा उनसे साथ दिया, कहां में भी कभी बहुत बार प्रति उससे कभी डर नहीं जा सकता, वो मेरे होने की एकलौती पहचान है, क्योंकि जब भी मेरे हलत खराब होते हैं वो परिवार से जुड़े हो ये प्यार से वो हर वक्त मेरे साथ देता है।

ठीक अब भूतल में चले, मतलब उन यादों के पीछे जिशे मैंने आधे रास्ते ही छोड़ दिए हैं, मतलब उनकी मंजिल अभी तक तय नहीं है, तय करने वाला हूं, जो पहले तो पूरी थी पर आ गया है सफ़र पर जब मैंने उससे पहली बार बात की, मतलब वो दिन तो मुझे याद नहीं है, पर हा आयशा महसूश कर रहा था, कोई अपना है, एक आइश रिश्ते को महानुश कर रहा था कोई जो साक्ष किशी कामरे में अपनी खामोशी को हर वक्त तलाशता था, उसके आते ही सारी महफिल खुशी में बदल चुकी थी, जब में उससे बातें करता तो उसमें इतनी बड़ी इतनी अच्छी लगती घर में भी आपके लिए और साक्षी था ही नहीं मेरे इतने करीब जो भी बातें होती है, उसे बताना चाहता था, पर कभी उसे बोले की हिम्मत ही नहीं हुई, ऐसी बात नहीं है की बक्की के सहपाठी नहीं थे, ये उस वक्त मेरे दोस्त थे थे पर वो खो आस वाला होते है ना, मेरे लिए वो वही थी, और आज भी है, जब उसे अपने पुराने स्कूल को छोटा तो मैंने ये भी बताया है की उसकी प्यारी दोस्त भी दुसरे साथ ही कभी थी, मतलब वो दोनो एक बचपन थे, मतलब जितनी वो मेरे करीब भी नहीं थे, पहले में इतना जनता था की पढाई ही सब कुछ और क्यों ना जानू? जब आपके घर में हिटलर जैसे लोग रहे तो ये बात लजमी है कि पढ़ने की तालीम ही हर वक्त मुश्किल होगा आपके उनसे में, वैसा ही आयुषी अपनी नानी मा के पास रहती थी और वो ज्यादा प्यार सबसे पहले मासी माँ ,

मैटलैब में भी उन्हे बोलता हूं, सिर्फ बोलता ही नहीं वो मेरे सच में मासी मा है, आयुषी उनसे बहुत प्यार करता है, और अपनी मां से भी, मतलब मासी मा और उसकी मां आयुषी के लिए हमें है घर हुलाशगंज में जहां उसके भाई बहन भी रहते थे, और उसकी प्यारी शी छोटी बहन भी जिशे वो छिन्नी कहकर बुलाती है, और एक छोटी शि सहजादी भी उसकी जिंदगी में, भी वही है माँ की जान और उनकी बेटी भी, आयुषी की जान और उसकी पूरी दुनिया उसके परिवार में ही बस्ती है, जब में उससे मिला था तो उस वक्त तक मासी मा की शादी भी नहीं हुई थी, और मैं खैर ये बातें तो होती रहेगी मत अभी तो पूरी कहानी बक्की है, हमारा मिलना बक्की है, और हमारी नौ झोक भी बक्की है, जब हम क्लास 4 में तो उस वक्त वो नई ही ऐसी

बन गई है, थी, और रही बात दोस्ती की ये प्यार व्यार की तो में एन जनता तक नहीं था की ये होता क्या है, खुद में रहता और अपनी पढाई करता था, प्रति जिश दिन आयुषी को देखा उस दिन से जिंदगी के असूल ही बदल गए, मुझे आज भी याद थी की कॉमिक्स किताबें मुझे कॉमिक्स कफी पसंद थे उस वक्त, पर वहा के टीचर ने मुझसे वो भी चेन लिया जो की मेरे नहीं था, और पता उसके बाद तो कॉमिक दिखी और ना ही वो टीचर, और मेरी गल्ती बैश इतनी में इतनी किताब के साथ उस कॉमिक को पढ़ा था, मतलाब आइशी बड़तामेजी कौन करता है, चल उस वक्त चेन लिया थाक है, प्रति वपस तो कर देते हैं मैटलैब किशी की चीज लेकर कोई ऐश भी गयाब होता है, जब कॉमिक मैंने वही दिया तो उसमें सच में बहुत ज्यादा अफसोस कर रहा था, मतलब उसे मुझे

इतने से प्यार पढने के लिए वो कॉमिक दी और मैंने क्या किया उसे किशी और के हटो में सौप दी, में अगले दिन उसे मांगने भी गया था पर वो टीचर इतना खड़ूस था की उसे अपने बच्चे को वो कॉमिक्स दे दिया, मतत है यार? पप्पी इंसान, गढ़ा? ये मैं उस वक्त कहता था क्योंकि मुझसे ज्यादा आया था, पर वो इसके लिए मुझसे नराज नहीं हुई, ये बातें में इशलिये कह रहा हूं क्योंकि अगर हम आज के तो बच्चे भी देखेंगे तो वो सारे सेर आसमां पर उठा लेते हैं और उसके बाद एक ऐसी आंधी देर से है जिसे देख कर सब अपने होश खो देते हैं, प्रति उस बचपन वाली दुनिया में वो एकलौती ऐसी लड़की थी और बच्ची भी मैंने उससे माफ़ी मांगी पर उसे उस वक्त जल्दबाजी हुई ये बोला था कि बुद्धू, किशी को जान तो नहीं कोई बात नहीं दसरी ले आएगी, उसके बाद भी मैं सच में बदल गया, एन सब के बाद हा दोनो के बीच बातें होने लगी हम एक दसरे के लंच तक शेयर करने लगे, मैं नहीं करता था कभी, वो अक्सर करती थी, और खाने की क्या बात, मसाला आज भी याद है, मुझे उन में है कभी भूल नहीं सकता जो मैंने उसके साथ बिटाये है, बच्चा पान की आगर कुछ अच्छी याद है तो मेरे उससे बश उसी की है और किशी की नहीं, हम इतने गहरे दोस्त बन गए थे की आगर वो एक दिन स्कूल नहीं आती तो में सबसे से ये ही पुछ्ने ही स्कूल क्यों नहीं आया ठीक तो है ना, कुछ हुआ तो नहीं है ना उहसे, और कब आएगा वो, बेचान से रहता जब वो नहीं आती थी, उसके आने का इंतजार करता था हर वक्त, और ऐसी बातें तो हम हैं अगर हमारे बीच मोहब्बत ही हो ये लजमी तो नहीं

, प्रति हा मोहब्बत से भी ज्यादा ये उसके आगे भी कोई रिश्ते बने हैं तो मेरे लिए वही थी, वैसा में आम तौर पर किशी भी लड़की से इतनी बातें नहीं करता था, मैं उससे ज्यादा में उससे करता था, मेरे लिए मैं एक बार ही बोलता था और उससे बाद वो तूरंत उसे कर देता है, कहते हैं दोस्ती की सीमा कभी ऊंचा, नीच ये धर्म जाति से अलग होता है, मैं जैशा भी था उसके साथ मेरे साथ बहुत, सारे हलत है जो उसे मेरे साथ रहकर सब से निकला है, उस समय जब स्कूल की छुट्टी होती थी तो मन ही नहीं करता कि घर भी जाना, आयशा लगता था कि क्यों जाना घर, ही उसके साथ थोड़ी देर और बातें क्यों नहीं कर सकता, आयशा के बार हुआ था की में अपनी सीट छोडकर, उसकी सीट प्रति जकार बैठा था वो बात अलग है की उसके बाद

डेटा बहुत, वह पार्टी भी यही है भी टीचर्स हम से कुछ पुछते तो हम बश अपने हाथ खड़े देते हैं, और जो है इतना कहते की सर में भूल गया, ये मम में भूल गया जो अपने पढ़ाया था, वह एक मां थी जिन्हे हम दादी मा कहकर पुकारते थे, क्योंकि वो सच में हमारी दादी माह जाने थी, कोई और नहीं दे सकता, मतलाब एक आइशी इल्म जिस्की परचाई ही हम गलत रास्ते से डर रखती है, वैसा ही नाम प्रभा था जो की हम सब को हिंदी पढाती थी, और एक कविता बहुत बड़ी दीकत होती स्कूल में हम सबसे पहले उन्हीं से वो बातें करते, कहे दुख की हो ये सुख की, हमसेह

उनके साथ ही रहते हैं और उनके आने का इंतजार भी करते हैं, क्योंकि उनके पीरियड में हम पढ़िए से थोड़ी देर के लिए ही सही पर छुटकारा मिला, मतलाब जो बहे उन पंज पीरियड्स में एकर जाति थी, ठीक मैं हूं वैसा कभी कहा नहीं मैंने पर आज भी बहुत याद करता हूं, वो दीवार, स्कूल की वो गेट, मामा की वो दाता, और हमारे बचपन की यादियों सब एक साथ है और कहीं न कहीं मेरे पास भी बहुत बड़ा है ही भूल कुछ कुछ आयशा रिश्ते है मेरे उनसे, आज सयाद जो भी हूं, और जैशा भी हूं, उनके आदर्श, उनकी इल्म उनसे में मौजूद है, और बहुत याद करता है, उनसे मिला कभी भी नहीं मिला में रहकर, फिर भी अब याद इतनी गहरी हो चुकी है की मिली गई रह भी नहीं सकती, खैर ये खाना अभी अधूरा ही है, जब वो उस स्कूल में आई थी तो उस वक्त हमारे परीक्षा चल रही थी वो भी इशिलया जब उसे एडमिशन लिया तोह वक्त वो सेधे कक्षा 5वीं मैं इन आ गई, मुझसे ज्यादा याद है, प्रति वो कहते हैं ना की खुशी की लम्हे आगन जल्द छोड़ जाते हैं और दुख के जाने का नाम ही नहीं लेटे, इसे पहली हमारी यादे और उससे भी पहले स्कूल , इसके पीछे भी एक राज जो किशी पाने की खैरात में मैंने लिखी है, प्रति सयाद अब उसकी खैरत झुठी लगती है मेरी इलख्वत के सामने, वैसा ही यादें जुडी है उस एक साल पूरे हैं, हफ्तो तक देखा कर बातें न करना, वो सब और उसकी तबुसाम जिशे में तो क्या कोई नहीं भूल सकता, सब के बाद हमारी दुनिया बिलकुल अलग हो गई क्योंकि वो किशी और स्कूल में हम और मन, पर हम और में चल रहे थे उसकी यादे एक आइश उससे से जुडी थी जिसे आजतक में भी नहीं जान पाया, क्यों जब रिश्ते गहरे हैं कभी भूल नहीं सकते, इन सब के बाद हम लगभागा 6 सालो बाद मिले

मतलब उस दिन के बाद जब हम बहुत बार मिले वो भी अपने फाइनल परीक्षा एक बाद, तब उसके आगे कुछ दियो के बाद वह मैंने उस स्कूल को छोड़ दिया था, प्रति आयुषी ने नहीं, सच कहु तो कभी सोचा ही उससे अलग भी होना परेगा, प्रति हलत और वक्त एक आइश मुशफिर है जो कि किसी के लिए नहीं रुकते, इन सब के बाद जब में उससे 6 सालो के बाद मिला तब बहुत कुछ बदल गया है, हमारे यहां कुछ बदल गया है, हमारे और स्याद कुछ याद करें भी, पहले जैशा कुछ रहा ही नहीं था, मुझे आज भी याद में 24 जून को शाम को मिला था, स्याद 2019 की बात होगी, जब मैंने पाने 10वीं बोर्ड परीक्षा दे दिए उसमें थे मिला तो इतना नर्वस फील कर रहा था की मेरा पुराना सारे वाइब्रेट कर रहा था, मतलब वो सच में उस बेहद प्यार प्यार लग रही थी, उस भले ही उसके खुले बाल नहीं था जिन्हे में आज भी सबसे

ज्यादा याद किया। दिख नहीं रही थी जिशे देख में बचपन में अपनी हर वो खामोशी मिटा देता था जो म्यू झे परशान कारती थी, ऐसी बात नहीं है की मैंने उसे धुंडने की कोशिश नहीं की, इस्के पहले के बार गया उसके मोहल्ले तक उसके दोस्त से मिला प्रति उस वक्त भी हमें कोई खबर नहीं थी। यह तो बदल सकते हैं किशी और के सहे पर अपनी किस्मत कभी नहीं, और सैयद हमरो किस्मत में ये लिखा ही नहीं था की हम उन 6 सालो में कभी एक दसरे से मुकाबिल हो इशलिये किस्मत ने भी थी वो भी एक दुसरे से डर रहकर।

एन सब के बाद हमारे रास्ते तो अलग हो गए थे पर हमारी मंजिल एक थी, क्योंकि मैंने सुना है की शादी में तलाक हो गया है, पर दोस्ती में ऐसी कोई खैरत शमील नहीं है मेरे भाई जान, हुए थे, प्रति वो पल सच में बरबादी के थे, एक नई सुरुरात करने से पहले कुछ बातें और है जो बताना चाहता हूं, पहली ये की मुझसे कद में दो फुट ही लंबी थी, और उसके स्कूल मेरी रंगोली में प्रसिद्ध थी जनब हमारी दोस्ती किशी आम इंसान से नहीं बाल्की एक कलाकार से हुई थी उस वक्त ......

" मेरे बचपन
की यादें
हाई तु
जो मन्नते
में हरि
रोज
मांगटा
हुन
आइशी
सिफरसीह
हाई तू
मैं और
मुहब्बत में
भले
ही
हीर
रांझी
रंग
होंगे
प्रति मेरे
दोस्ती
मुख्य

*एकलौती
साथी
हाई टीयू।"*

4

कोई संबंधित

Enter Caption

वो कहते हैं ना किस्मत और वक्त बदलते रहते हैं ये ना तो किशी के अपने होते हैं और ना ही किशी के पराए, ये जैसे भी होते हैं, उनके होते हैं जो इनके साथ चलते हैं, इंसान भी फिर कभी होता है रसिहते हर किशी के साथ एक जैसे नहीं होते, मेरे कहना का मतलब अगर इश्क लाजमी है तो करो बेशक करो पर अगर वो लजमी नहीं तो जाने दो, ईश दुनिया में नफरत की कोई सीमा नहीं होती, एक मोहब्बत है हर किशी की जिंदगी जब उस सहे की राख होती है, तब तक उसके लिए कोई न कोई अच्छे, जिससे वो बातें कर खातिर, अपने हलत ब्यान कर खातिर, अपनी मजबूरियां जाहिर कर, उसके साथ भी खातिर नारज वो ऊष माने, हम दोनो

के हलत तब बदल गए जब हम दोनो एक दुसर से दूर हो गए थे, ये बातें सब को पता है अब तक की मैंने उस स्कूल दिया था, सब के बाद कभी न तो में ना ही बातें हुई वो भी कफी लम्बे वक्त तक, प्रति आरजो बेहद थी की उसे दुबारा मिलन कुछ बातें, उसके हर एक मुस्कान जो खो गई है ये अधूरी है उसे वापस लेन की कोशिश करू, हम सिरफ दोस्त नहीं थे, दोस्त से भी ज्यादा थे, प्रति मोहब्बत थी लजमी नहीं थी हमर उससे मैं में कभी उसे वो बातें कह सकते हैं, जो आज कल की फ़िदरत बन छुकी है जमाने में, अगर कोई आपकी परवाह करता है तो ये लाजमी तो नहीं की वो मोहब्बत ही हो, बातें ये भी तो आप भी है सर से मोहब्बत नहीं, जब उससे डर हुआ था आयशा लगता था की कुछ अपने और महसूश नहीं कर रहा था में, मतलाब जो उनसे में रूह थी मेरे हक में वो मुझसे कहीं दूर चली गई, लगे भाग 6 क्यों की हम वो उम्मेद भी खो देते हैं जिस्की हम परवाह करते हैं, जिसी हम बातें करते हैं, तो भूल चुका था की अब हमारी मुलकत होगी भी, क्योंकि मैंने उसके लिए उसके लिए मेरे लिए मेरे लिए के बदले हर ही मिली, में उस दिन का भूला ही नहीं हाय कहता जब हम अखिरी बार मिले थे, इन सब के बाद हम बहुत कर मिले 24 जून को,

में, मेरे हलत उस वक्त ऐश थे की में कुछ कह ही नहीं सकता था, में बश उसे देख रहा था, उसकी आंखें बिलकुल थी, उसके लिए इतनी बुरी सूरत थी की में वही नजर से सोच रहा था की क्या सच में मेरी ही दोस्त है, मतलाब मेरी ही आयुषी है जिशे में बचपन में देखता था, जो थोड़ी शि मोती थी और व्यवहार खूबसूरत, भी जो दो छुटियां में आती थी, क्या आप सच में उससे नहीं हट रही थी में खो चूका था बश, एन सब के बाद हम एक दसरे से मिल, बातें तो उस दिन काम ही हुई, क्यों हम एक लंबे समय तक एक दसरे को देख ही, थे, मतलब मेरा कद उसके कद से थोड़ा सा लंबा हो चुका था, अब में छोटा सा लड़का नहीं था, हा प्रति उस वक्त भी परिपक्व नहीं था, प्रति मुलकत एक ही दिन उसके बाद वो फिर घर चले से वक्त हम दोनो ने अपने फोन नंबर एक्सचेंज कर लिए थे जिनसे बातें होती थी, उस वक्त सेह सयाद मेरी खामोशी दुर हो चुकी थी में संभल चूका और सयाद वो भी पर उनसे में कुछ ऐश भी राज है जो अभी बक्की है, जो कि उसके हलत से जुड़े, उस दर्द से जुड़े हुए हैं जो सिरफ में है भी जाना हूं प्रति ईश उससे से डर है, मुझसे याद जब उसे अपने 10वीं बोर्ड दिए थे तब वो फिर से पटना आई थी, जहां उसकी मुलकत पांडा से हुई मैटलैब उसकी सबसे प्यारे दोस्त जिस्का नाम, संपदा जो उनसे कभी नहीं उनके पास है उस उनसे संपदा वो बन चुकी है, वो उसके साथ अच्छा महानुश कार्ति है, उन दोनो की यादों की किमत आब इतनी गहरी हो चुकी है की रब से यही दुआ है की वो कभी एक दुसरे एक दुसरे दुसरे सेह कोचिंग

में मिले जहां वो दोनो एक साथ पढ़ते हैं, राही बात मोहब्बत की जो उससे में उसके कैद है, वो कोई और नहीं सोनू है, जिसे वो बेहद प्यार करता है, और सबसे जरूरी बात वो एक दस डिस्टेंस रिलेशनशिप भी कह सकते हैं हम इसलिए क्योंकि वो सोशल नेटवर्किंग साइट्स पर ही बात ज्यादा करते हैं, वैसा ही सोनू उसके रिश्ते में ही लगते हैं, और कुछ बातें है जो सोनू के बारे में कहना कभी होता है। प्रति में पहले बार ये कहना चाहता हूं कि इंसान अच्छा है मेरी

बेस्टी के लिए झेले जो वो पहले झेल चुकी है, वैसा ही जन्म तिथि तो मैंने बताया ही नहीं 6 फरवरी को मेरी बेस्टी ने ईश दुनिया में एंट्री शादी थी, और में उसे पहले भी झांसी की रानी बुला था और अब भी जहां वो मेरे ली है, जाने से कुछ बातें हैं जो हमें वहां के लिए है, में ये कहना चाहता हूं, की उसके जैशा कलाकार मैंने पूरी दुनिया में नहीं देखा है, उसकी सोच ही एक लिखावत है उस खुदा की जिसे कोई नहीं, मैं हूं सकता, और तुम्हारे लिए मजबूर है और दसरी ये अपने सपनों को कभी मत खोना और न ही किशी के लिए उने कुर्बान करना, झांसी की रानी है तो मेरी बश हाथ में तलवार लेकर अपने सपनों तू पूरी कौम से लदना।

"

की वक्त
की गेहरायोन
मुख्य
राखी
की आगाज़
हाई
बिचारने
कि
बात
कुछ याद
नही
क्यूंकि
टीयू
एएबी
भी
मात्र
पाश |"

"की खुदा भले ही मेरे इश्क"

"मेरे इश्क
को नाकाम करदे
प्रति
महफिल
मुख्य
मात्र

का नाम ले
कि
एक और आगाज़ी
कर दे
मैं कहो
राहु येह
ना
राहु
प्रति ओस्के
दिल
मैं मेरे नाम
केए
इक
मक़्म करदे।"

www.ingramcontent.com/pod-product-compliance
Lightning Source LLC
Chambersburg PA
CBHW072145150726
48002CB00004B/1641